BEI GRIN MACHT SICH IHR WISSEN BEZAHLT

- Wir veröffentlichen Ihre Hausarbeit, Bachelor- und Masterarbeit

- Ihr eigenes eBook und Buch - weltweit in allen wichtigen Shops

- Verdienen Sie an jedem Verkauf

Jetzt bei www.GRIN.com hochladen und kostenlos publizieren

Bibliografische Information der Deutschen Nationalbibliothek:

Die Deutsche Bibliothek verzeichnet diese Publikation in der Deutschen National-bibliografie; detaillierte bibliografische Daten sind im Internet über http://dnb.d-nb.de/ abrufbar.

Dieses Werk sowie alle darin enthaltenen einzelnen Beiträge und Abbildungen sind urheberrechtlich geschützt. Jede Verwertung, die nicht ausdrücklich vom Urheberrechtsschutz zugelassen ist, bedarf der vorherigen Zustimmung des Verlages. Das gilt insbesondere für Vervielfältigungen, Bearbeitungen, Übersetzungen, Mikroverfilmungen, Auswertungen durch Datenbanken und für die Einspeicherung und Verarbeitung in elektronische Systeme. Alle Rechte, auch die des auszugsweisen Nachdrucks, der fotomechanischen Wiedergabe (einschließlich Mikrokopie) sowie der Auswertung durch Datenbanken oder ähnliche Einrichtungen, vorbehalten.

Impressum:

Copyright © 2016 GRIN Verlag, Open Publishing GmbH
Druck und Bindung: Books on Demand GmbH, Norderstedt Germany
ISBN: 978-3-668-19035-1

Dieses Buch bei GRIN:

http://www.grin.com/de/e-book/319576/bewertung-wissenschaftlicher-arbeiten

Mohamed Chaabani

Bewertung wissenschaftlicher Arbeiten

GRIN Verlag

GRIN - Your knowledge has value

Der GRIN Verlag publiziert seit 1998 wissenschaftliche Arbeiten von Studenten, Hochschullehrern und anderen Akademikern als eBook und gedrucktes Buch. Die Verlagswebsite www.grin.com ist die ideale Plattform zur Veröffentlichung von Hausarbeiten, Abschlussarbeiten, wissenschaftlichen Aufsätzen, Dissertationen und Fachbüchern.

Besuchen Sie uns im Internet:

http://www.grin.com/

http://www.facebook.com/grincom

http://www.twitter.com/grin_com

Bewertung wissenschaftlicher Arbeiten

Chaabani Mohamed

Abstract

Gegenstand vorliegender Untersuchung ist die Bewertung wissenschaftlicher Arbeiten. Das Hauptaugenmerk der Untersuchung richtet sich auf eine ausführliche Betrachtung von der Bewertung von Abschlussarbeiten. In der Arbeit soll ferner versucht werden, Einblicke in die Arbeit und Ansprüche in Bezug auf die Bewertung wissenschaftlicher Arbeiten bei den Studierenden zu gewähren. Die Ergebnisse sollen einen Beitrag zur Förderung von wissenschaftlichem Schreiben bei den Studierenden leisten.

Einführung

Dem Schreiben von wissenschaftlichen Arbeiten im Studium kommt eine bedeutsame Rolle zu. In diesem Sinne sollten weiterhin wissenschaftliche Arbeiten von den Lehrenden schließlich bewertet werden. Hierfür sind Bewertungskriterien abverlangt, um eine faire Benotung zu gewährleisten. Dabei können ferner die Schwerpunktsetzung der Bewertungskriterien je nach Fach oder Institution unterschiedlich verlagert werden. Die vorliegende Arbeit, versucht, den Bewertungsprozess wissenschaftlicher Arbeiten aufzuzeigen und die diversen Vorgehensweisen hierbei darzustellen.

Bewertung wissenschaftlicher Arbeiten

Nachfolgend wird auf die verschiedenen Untersuchungen zur Bewertung wissenschaftlicher Arbeiten eingegangen. Bei DEININGER, M., u.a. (1993, 56)[1] finden sich die Überlegungen, dass die Bewertung einer wissenschaftlichen Arbeit folgende Ziele und Anforderungen hat:

„Der Kandidat muß zeigen, daß er im Laufe seines Studiums die nötigen Fachkenntnisse erworben hat, um die Arbeit durchzuführen.

Er muß beweisen, daß er eine gegebene Aufgabe in begrenzter Zeit selbständig lösen kann.

Er muß demonstrieren, daß er zielgerecht, systematisch und nach wissenschaftlichen Prinzipien arbeiten, also wissenschaftliche Methoden und Erkenntnisse anwenden kann.

Er muß in der Lage sein, seine Erkenntnisse zu formulieren und zu präsentieren.

Bei einer Doktorarbeit kommt noch der Aspekt hinzu, daß sie einen Fortschritt der Wissenschaft darstellen muß."[2]

Um diese Erwartungen und Anforderungen zu überprüfen, sollten die wissenschaftlichen Arbeiten einer Bewertung unterzogen sein. Die Bewertung wissenschaftlicher Arbeiten bezieht sich in diesem Sinne laut DRÜGH, H., et al. (2012, 22)[3] auf Sachebene und Darstellungsebene. Die Sachebene umfasst konzeptionelle und methodische Kriterien. Bei der Darstellungsebene geht es um sachlich- inhaltliche angemessene Darstellung des Themas, der Strukturierung, Perspektivierung und Argumentation. So DRÜGH, H., et al. (2012, 22). In diesem Zusammenhang wird die Gewichtung der Bewertungskriterien laut SOMMER, R. (2006, 22)[4] vom Dozenten bestimmt. Sie kann sich von einem Lehrenden zum anderen variieren. Bei einigen Lehrenden stehen theoretische Grundlagen im Mittelpunkt.

---

[1] DEININGER, MARCUS; LICHTER, HORST; LUDEWIG, JOCHEN; SCHNEIDER KURT (1993): Studien-Arbeiten. Ein Leitfaden zur Vorbereitung, Durchführung und Betreuung von Studien-, Diplom- und Doktorarbeiten am Beispiel Informatik. Verlag der Fachvereine Zürich/ B. G. Teubner Stuttgart. Erste Auflage 1992

[2] DEININGER, MARCUS; LICHTER, HORST; LUDEWIG, JOCHEN; SCHNEIDER KURT (1993): Studien-Arbeiten. Ein Leitfaden zur Vorbereitung, Durchführung und Betreuung von Studien-, Diplom- und Doktorarbeiten am Beispiel Informatik. Verlag der Fachvereine Zürich/ B. G. Teubner Stuttgart. Erste Auflage 1992
[3] DRÜGH, HEINZ (Hrgs.), u.a (2012): Germanistik. Sprachwissenschaft, Literaturwissenschaft, Schlüsselkompetenzen. Metzler Verlag, Stuttgart

[4] SOMMER, ROY (2006): Schreibkompetenzen. Erfolgreich wissenschaftlich schreiben. Klett, Stuttgart.

Im Folgenden schlägt SOMMER, R. (2006)[5] folgende Bewertungskriterien wissenschaftlicher Arbeiten vor:

Tabelle 1: **Bewertungskriterien wissenschaftlicher Arbeiten nach SOMMER, R. (2006)**

Projekt
Abgabefrist eingehalten?
Fernleihen rechtzeitig durchgeführt?
Anforderungen (Textsorte, Umfang) erfüllt?
Eventuelle zusätzliche Absprachen eingehalten?
Recherche und Material
Unterschiedliche Recherchewege genutzt?
Forschungsbericht auf aktuellem Stand?
Selektionskriterien offen gelegt und sinnvoll gewählt?
Materialbasis ausreichend?
Argumentation
Durch den Titel geweckte Erwartungen erfüllt (oder evtl. Thema verfehlt)?
Das Thema in seinen Nuancen erfasst?
Konzeptionelle Fähigkeiten unter Beweis gestellt?
Sicheren Umfang mit Konzepten und Theorien nachgewiesen?
Gesamtanlage/ Theoriedesign überzeugend und kohärent?
Problembewusstsein gezeigt?
Fachbegriffe definiert?
Eigenständigen Gedankengang entwickelt?
Grad an Redundanz/ Wiederholung vertretbar?
Verhältnis von eigenem Text und zitierter Literatur ausgewogen?
Zitierte Sekundärliteratur richtig verstanden?
Daten/ Quellen/ Primärtexte nachvollziehbar analysiert/ interpretiert?
Sprache
Ausdrucksfähigkeit und Ausdrucksspektrum dem Studienabschnitt entsprechend?
Grammatikalische und syntaktische Fehler beseitigt?
Fachtermini und Fremdwörter sachlich richtig und in angemessenem Umfang verwendet?
Rechtschreibung und Zeichensetzung überprüft?
Formalia
Gattungskonventionen beachtet?
Alle Zitate als Zitate gekennzeichnet und belegt?
Zitierweise korrekt?
Formatierung (Text, Zitate, Überschriften, Literaturangaben) einheitlich?

Quelle: SOMMER, R. (2006, 21): Schreibkompetenzen. Erfolgreich wissenschaftlich schreiben. Stuttgart. Klett.

---

[5] SOMMER, ROY (2006): Schreibkompetenzen. Erfolgreich wissenschaftlich schreiben. Klett, Stuttgart.

Die Bewertung der Arbeit endet laut SOMMER, R. (2006, 44) mit der Vergabe einer Endnote. Ferner schreibt der Betreuer laut KRUSE, O. (2007, 176)[6] dabei ein Gutachten.

Bei KARMASIN, M., RIBING, R. (2006, 36)[7] finden sich die Ausführungen, dass der Betreuer zuerst das Inhaltsverzeichnis überprüft, dann die Einleitung. Anschließend Schluss. Er überprüft auch das Literaturverzeichnis. Abschließend der Hauptteil. Er liest zudem den Anfang und das Ende von Kapiteln.

In diesem Zusammenhang führt BÄNSCH, A. (1998, 73ff.)[8] folgende Kriterien zur Bewertung wissenschaftlicher Arbeiten an:

Tabelle 2: **Kriterien zur Bewertung wissenschaftlicher Arbeiten**

Fragestellung
<ul><li>Ist die Fragestellung klar formuliert?</li><li>Ist die Fragestellung themenadäquat, d.h. bezieht sie sich ausschließlich auf das vorliegende Thema?</li><li>Ist die Fragestellung dem Typ der jeweiligen wissenschaftlichen Arbeit adäquat, d.h. schöpft sie das Thema hinsichtlich Breite und Tiefe in der Form aus, die man z.B. bei einer Proseminararbeit, einer Seminararbeit, einer drei- oder sechsmonatigen Diplomarbeit oder einer Dissertation fordern kann?</li></ul>
Behandlung der Fragestellung
<ul><li>Zeigen die Ausführungen themenfremde und/oder in der dargebotenen Breite nicht themennotwendige Passagen?</li><li>Werden Themenfragen total ausgelassen oder nur partiell behandelt?</li><li>Werden Argumentations-/Beleg-/Beweisketten entwickelt (oder werden einfach Behauptungen aufgestellt, bloße Mutmaßungen und/oder Spekulationen unterbreitet)?</li><li>Sind die entwickelten Argumentations-/Beleg-/Beweisketten lückenlos und in sich widerspruchsfrei?</li><li>Welche Stärken zeigen die einzelnen Kettenglieder im Sinne von überzeugend/beweiskräftig versus fragwürdig/zweifelhaft?</li><li>Werden in Relation zu dem zu demonstrierenden wissenschaftlichen Niveau</li></ul>

---

[6] KRUSE, OTTO (2007): Keine Angst vor dem leeren Blatt. Ohne Schreibblockaden durchs Studium. 12., neu völlig bearbeitete Auflage. Frankfurt am Main, New York. Campus Concept

[7] KARMASIN, MATTHIAS, RIBING, RAINER (2006): Die Gestaltung wissenschaftlicher Arbeiten. Ein Leitfaden für Seminararbeiten, Bachelor, - Master und Magisterarbeiten sowie Dissertationen 6. aktualisierte Auflage 2011. Erste Auflage 2006. Wien. Facultas WUV. UTB

[8] BÄNSCH, AXEL (1998): Wissenschaftliches Arbeiten / Seminar und Diplomarbeiten, München / Wien / Oldenburg, 6. Aufl. In: KARMASIN, MATTHIAS, RIBING, RAINER (2006) Die Gestaltung wissenschaftlicher Arbeiten. Ein Leitfaden für Seminararbeiten, Bachelor, - Master und Magisterarbeiten sowie Dissertationen 6. aktualisierte Auflage 2011. Erste Auflage 2006. Wien. Facultas WUV. UTB. 36ff

,Selbstverständlichkeiten/Trivialitäten' ausgebreitet?
- Gibt es ungerechtfertigte Wiederholungen?

Ergebnisse
- Sind die Ergebnisse klar formuliert?
- Harmonisieren die Ergebnisse mit der Fragestellung? Sind die Ergebnisse in sich widerspruchsfrei?
- Sind sie die folgerichtigen Schlussglieder von Argumentations-/Beleg-/Beweisketten?

Definitionen, Prämissen. Untersuchungsdesigns
- Sind alle definitionspflichtigen Begriffe klar und problemstellungsgemäß gefasst und konsequent durchgehalten sowie Definitionsunterschiede bei Literaturbezügen korrekt berücksichtigt?
- Sind alle verwendeten Prämissen und im Laufe der Arbeit vollzogene Prämissenänderungen jeweils klar angezeigt und haben Prämissen unterschiede bei Literaturbezügen die notwendige Beachtung gefunden?
- Ist im Falle eigenvollzogener empirischer Untersuchungen das jeweilige Untersuchungs- und Auswertungsergebnis klar und vollständig offen gelegt und ist bei Bezugnahmen auf fremdvollzogene empirische Untersuchungen deren Design verständig berücksichtigt?

Stil und Sprachregeln
- Ist die Arbeit in Ihrer Wortwahl und Ausdrucksweise eindeutig verständlich, prägnant und treffend?
- Sind die einzelnen Sätze klar, inhaltlich aussagefähig und in sich logisch?
- Sind die Satzverknüpfungen sprachlich und logisch korrekt, spiegeln die Satzfolgen in lückenloser Form die dem Untersuchungsziel adäquate Gedankenabläufe wider?
- Zeigt die Arbeit Verstöße gegen die Regeln der Rechtschreibung, Grammatik oder Zeichensetzung?

Literaturbearbeitung und Zitierweise
- Wurde qualitativ angemessene Literatur in gebührendem Umfang herangezogen?
- In welchem Umfang spiegelt sich die im Literaturverzeichnis ausgewiesene Literatur tatsächlich im Text der Arbeit wider?
- Wurde die Literatur korrekt (ohne Verfälschungen, auf letztem Stand, primär) ausgewertet?
- In welchem Grade und auf welchem Niveau ist kritische Auseinandersetzung mit der Literatur zu registrieren?
- Ist die Zitierweise adäquat (unnötiges Zitieren, Ausmaß wörtlichen Zitierens)?
- Ist die Zitierweise korrekt (eindeutige Erkennbarkeit übernommenen und eigenen Gedankengutes, Vollständigkeit der Angaben zu den einzelnen Quellen)?

Gliederung
- Ist die Gliederung formal korrekt (konsequente Gliederungs-Klassifikation, tatsächliche und vollständige Untergliederung, richtige Zuordnung von Ober- und Unterpunkten, Kriterienreinheit der Untergliederungen, angemessene Gliederungstiefe)?
- Ist die Gliederung in allen Teilen und insgesamt inhaltlich verständlich und in Bezug auf das Thema aussagekräftig?

Eigenständigkeit
- Zeigt die Arbeit Eigenüberlegungen in Form eigener Ansätze, zeigt sie Umsetzung eigener Ideen?
- Auf welchem Niveau liegen diese Eigenleistungen?
- Wie treffend/abgesichert erweisen sie sich?
- Werden Literaturlücken registriert und zu schließen versucht?
- Werden Widersprüche und Fragwürdigkeiten in der Literatur herausgearbeitet, kommentiert

und aufzulösen versucht?
- Zeigt die Arbeit Eigenständigkeit hinsichtlich
- des Konzeptes der Problembearbeitung
- der Darstellung/Illustration, der Verdichtung und Verknüpfung des gesammelten Materials
- der Texte zur Wiedergabe/Kommentierung der Literatur?

Darstellung und Verzeichnisse

- Sind die Darstellungen (Abbildungen, Tabellen) korrekt durchnumeriert und inhaltlich bezeichnet?
- Wurden die erforderlichen Verzeichnisse (Inhalts-, Abkürzungs-, Symbol-, Abbildungs-, Literaturverzeichnis) korrekt angelegt und an der jeweils richtigen Steile der Arbeit platziert?

Reinschrift

- Sind das Deckblatt, alle Textseiten in richtiger Aufteilung (Rand, Zeilenabstände) gut lesbar (Größe, Kontuierung) gestaltet und in richtiger Form nummeriert?
- Wurde die eventuell vorgegebene Seitenzahl eingehalten?
- Ist die eventuell geforderte eidesstattliche Erklärung korrekt verfasst, datiert und eigenhändig mit Vor- und Zunamen auf allen einzureichenden Exemplaren unterschrieben?

Quelle: Bänsch, A. (1998): Wissenschaftliches Arbeiten / Seminar und Diplomarbeiten, München / Wien / Oldenburg, 6. Aufl. In: Karmasin, Matthias, Ribing, Rainer (2006): Die Gestaltung wissenschaftlicher Arbeiten. Ein Leitfaden für Seminararbeiten, Bachelor, - Master und Magisterarbeiten sowie Dissertationen 6. aktualisierte Auflage 2011. Erste Auflage 2006. Wien. Facultas WUV. UTB. 36-39

Des Weiteren schlägt KORNMEIER, M. (2012, 34)[9] in dieser Hinsicht folgende Bewertungskriterien wissenschaftlicher Arbeiten vor:

Tabelle 3: **Wesentliche Qualitätskriterien einer wissenschaftlichen Arbeit**

Inhalt (Bedeutung ca. 70%)
- Qualität und Relevanz des Themas, z.B. Beitrag für die Wissenschaft, methodischer Ansatz, theoretisches Fundament
- Eigentliches Ziel der wissenschaftlichen Arbeit (= zentrale Forschungsfrage), z.B. Beschreibung, Erklärung, Prognose, Gestaltung
- Qualität/ Quantität der recherchierten Literatur
- Nutzung sonstiger Erkenntnisquellen, z.B. Sekundärliteratur, Primärstudie (Befragung, Experiment, ...)
- Stringenter (z.B. entscheidungslogischer) Aufbau der Arbeit
  - Einleitung
  - Grundlagenteil
  - Hauptteil
  - Schluss

Stil (Bedeutung ca. 20%)
- Korrekte Verwendung von Wörtern: Verben, Substantive, Adjektive, Präpositionen
- Wissenschaftliche Diktion (Verwendung von Fachtermin, Umgang mit Fremdwörtern)
- Sprachlogik
- Ästhetik der verwendeten Sprache
- Prägnanz, Anschaulichkeit, Verständlichkeit

---

[9] KORNMEIER, MARTIN (2012): Wissenschaftlich schreiben leicht gemacht. Bern, Stuttgart, Wien. Haupt Verlag. Erste Auflage (2008)

• Lebendigkeit der Präsentation
Form (Bedeutung ca. 10%) • Konsistenz der Gliederung (Struktur der Kapitel/ Unterkapitel) • Zitierweise (Prüfbarkeit der Aussagen) • Rechtschreibung, Grammatik, Zeichensetzung • Angabe der Quellen im Literaturverzeichnis (fehlerfreie Angabe der Quellen, Vollständigkeit, Einheitlichkeit/ Konsistenz, übersichtliche Darstellung) • Qualität der Präsentation (z.B. Abbildungen, Tabellen…) • Schriftsatz • Transparenz/ Übersichtlichkeit (z.b. Absätze, Hervorhebungen durch Fettdruck, Kursivschrift, Aufzählungen) • Gesamteindruck

Quelle: KORNMEIER, M. (2012, 34): Wissenschaftlich schreiben leicht gemacht. Bern, Stuttgart, Wien. Haupt Verlag. Erste Auflage (2008)
Leicht modifiziert

STICKEL-WOLF, C. / WOLF, J. (2006, 266)[10] verweist darauf, dass die Gutachter eine Frist haben, um ein Gutachten für die Arbeit zu erstellen. Diese Frist sollte vom Gutachter eingehalten werden. STICKEL-WOLF, C./ WOLF, J. (2006, 268) macht darauf aufmerksam, dass die vorliegenden Kriterien keinen Anspruch auf Vollständigkeit erheben sollten. Bei diesen Kriterien handelt es sich um die Bereiche Themenstellung, Gliederung und Aufbau, Themenbearbeitung, Formalia, Grad der Selbstständigkeit bei der Themenbearbeitung und Gesamteindruck. In diesem Sinne führen STICKEL-WOLF, C./ WOLF, J. (2006, 268ff) folgende Qualitätskriterien einer wissenschaftlichen Arbeit an:

Tabelle 4: **Qualitätskriterien einer wissenschaftlichen Arbeit**

Themenstellung *Lediglich bei selbst gewählten Themen relevant:* Handelt es sich um eine aktuelle Fragestellung? Wie relevant ist das Thema der Arbeit für die jeweilige Disziplin? Ist das zu bearbeitende Thema außergewöhnlich komplex? Ist der Themenbereich bereits gut vorstrukturiert? Ist die zu behandelnde Forschungsfrage bereits exakt definiert? Ist zum Thema ein erheblicher Wissenskörper bzw. Literaturbestand vorhanden? Ist die Bearbeitung des Themas mit einem erheblichen Aufwand verbunden?
Gliederung und Aufbau Ist das Thema der Arbeit klar bestimmt und gegenüber anderen Themen abgegrenzt worden? Wurde die Zielsetzung der Arbeit sauber hergeleitet?

---

[10] STICKEL-WOLF, CHRISTINE / WOLF, JOACHIM (2006): Wissenschaftliches Arbeiten und Lerntechniken. Erfolgreich studieren – gewusst wie! 4. überarbeitete Auflage. Gabler. Wiesbaden

Wurde das Ausmaß der angestrebten Zielerreichung angemessen
Formuliert (Ziel weder zu hoch noch zu niedrig)?
Wurde die allgemeine Zielsetzung in operationale (beantwortbare) Forschungsfragenübersetzt?
Ist die Gliederungsstruktur auf die Untersuchungsziele bezogen und in sich stimmig?
Wird die Aufeinanderfolge der einzelnen Abschnitte begründet?
Bezieht sich die Problembearbeitung auf die gestellten Ziele?
Ist der Textumfang angemessen auf die einzelnen Inhalts bzw. Gliederungspunkteverteilt?
Stehen theorie-, empirie- und praxisbezogene Aussagen in einem ausgewogenen Verhältnis?
Kommt der Verfasser zielstrebig zum Wesentlichen der Arbeit?
Sind die in der Arbeit genutzten zentralen Begriffe definiert und in der Arbeit einheitlich verwendet
worden?

Themenbearbeitung
Wurden die erarbeiteten Lösungen auf der Basis eines theoretischen Fundamentes erarbeitet? Wurden
übergeordnete, in der jeweiligen Disziplin erarbeitete Theorien (Wolf 2005) herangezogen?
Wurde interdisziplinär gearbeitet?
Folgen die erarbeiteten Ergebnisse schlüssig aus den herangezogenen Theorien, Prämissen und
Informationen sowie der aufgebauten Argumentationskette?
Wird der Stand der Forschung in hinreichendem Maße berücksichtigt?
Wurde bei der Problemlösung systematisch vorgegangen? Sind die herangezogenen Informationen in
eine systematische Ordnung gebracht worden?
Ist die Verarbeitungstiefe erheblich? Werden Informationen und Sachverhalte lediglich referiert bzw.
beschrieben oder auch in einen übergeordneten Kontext gestellt, interpretiert, weitergedacht,
modifiziert, widerlegt und kritisiert?
Sind die erarbeiteten Lösungen gehaltvoll?
Wurden eigenständige Lösungen erarbeitet? Finden sich in der Arbeit kreative Elemente?
Wurden bestehende Konzepte in innovativer Weise auf den Objektbereich übertragen?
Ist der Argumentationsgang prägnant? Wurde das Wichtige aus der Masse des Unwichtigen
herausgehoben?
Ist die Gliederungsstruktur auf die Untersuchungsziele bezogen und in sich stimmig?
Wird die Aufeinanderfolge der einzelnen Abschnitte begründet?
Bezieht sich die Problembearbeitung auf die gestellten Ziele?
Ist der Textumfang angemessen auf die einzelnen Inhalts bzw. Gliederungspunkteverteilt?
Stehen theorie-, empirie- und praxisbezogene Aussagen in einem ausgewogenen Verhältnis?
Kommt der Verfasser zielstrebig zum Wesentlichen der Arbeit?
Sind die in der Arbeit genutzten zentralen Begriffe definiert und in der Arbeit einheitlich verwendet
worden?

Formalia
Wurde der vorgesehene Umfang der Arbeit eingehalten?
Wird die Arbeit in einer Sprache präsentiert, die den Regeln der
deutschen Rechtschreibung (insb. auch Zeichensetzung und Grammatik)entspricht?
Ist die Sprache verständlich, eindeutig, klar und flüssig?
Wird die Sprache dem Anspruchsniveau einer wissenschaftlichen Qualifikationsarbeit gerecht?
Wurden auch komplexe Sachverhalte verständlich dargelegt?
Wurden die gängigen Formatierungsregeln eingehalten?
Wurde fehlerfrei und einheitlich zitiert? Ist das Literaturverzeichnis
fehlerfrei und einheitlich angelegt? Stimmen die Quellenangaben mit dem Literaturverzeichnis
überein?
Enthält die Arbeit die notwendigen Verzeichnisse (Inhalts, Abbildungs, Tabellen und
Abkürzungsverzeichnis)?
Sind Tabellen bzw. Abbildungsüberschriften vollständig und aussagekräftig?

Grad der Selbstständigkeit bei der Themenbearbeitung
Wurde die Themenstellung selbstständig entwickelt oder war sie vorgegeben?
Wurde die Arbeit relativ selbstständig angefertigt oder war der Betreuungsaufwandhoch?

Bei Arbeiten ohne festen Abgabetermin:
Wurde die vorgesehene Bearbeitungszeit eingehalten oder war eine Verlängerung erforderlich?

Gesamteindruck
Weist die Arbeit herausragende positive oder negative Aspekte auf, die durch die vorangegangenen Kriterien nicht ausreichend gewürdigt worden sind?

Quelle: STICKEL-WOLF, C. / WOLF, J. (2006): Wissenschaftliches Arbeiten und Lerntechniken. Erfolgreich studieren – gewusst wie! 4. überarbeitete Auflage. Gabler. Wiesbaden. 268-271

In einem Gutachten werden laut STICKEL-WOLF, C. / WOLF, J. (2006, 272) die Stärken und Schwächen der Arbeit angesprochen. Die Schwerpunktsetzung der Bewertungskriterien hängt mit der Art der Abschlussarbeit zusammen, z.B. Literaturarbeit oder empirische Arbeit.

In diesem Zusammenhang nennt BRINK, A. (2007, 225)[11] folgende Beurteilungskriterien. Dabei kann jeder Gutachter bestimmte Bereiche unterschiedlich gewichten.

Tabelle 5: Beurteilungskriterien einer wissenschaftlichen Arbeit

Untersuchungskonzept
Deckt die Untersuchung das Thema vollständig ab? Ist der Aufbau der Untersuchung systematisch und entspricht er der Themenstellung?
Ist die Gewichtung der Untersuchungsteile im Hinblick auf das Gesamtthema angemessen?
Sind die in der Arbeit vorgenommenen Abgrenzungen themengerecht und nachvollziehbar begründet?
Ist das vom Verfasser entwickelte Untersuchungskonzept in sich schlüssig und ausgewogen? Wird das Thema in einen größeren fachlichen Gesamtzusammenhang eingeordnet?

Untersuchungsinhalt
Wurde die themenspezifische Literatur umfassend ausgewertet, vergleichend analysiert und ansprechend verarbeitet?
Wurden eigene Forschungsaktivitäten entfaltet und eigene Ansätze entwickelt? Sind alle Schlussfolgerungen das Ergebnis logisch aufgebauter Argumentationsstränge?
Sind die verwendeten Methoden und Modelle geeignet, wurden Begründungen für Ihre Auswahl geliefert? Ist der Verfasser kritisch mit der Literatur umgegangen? Ist die Gedankenführung logisch und nachvollziehbar?
Wurden eigene Ansätze entwickelt bzw. eigene Beurteilungen vorgenommen?

Darstellungsstil
Sind die Ausführungen verständlich und gut lesbar? Wurden die verwendeten Quellen offen gelegt? Ist die Ausdrucksweise wissenschaftlichsachlich in Fachsprache abgefasst? Wurden alle Aussagen in sich schlüssig bewiesen bzw. mit nachprüfbaren Quellen belegt? Wurde gegen Grammatik-, Rechtschreibungs- und Zeichensetzungsregeln verstoßen? Wurden Aussagen durch Beispiele verdeutlicht?

---

[11] BRINK, ALFRED (2007): Anfertigung wissenschaftlicher Arbeiten. Ein prozessorientierter Leitfaden zur Erstellung von Bachelor-, Master- und Diplomarbeiten in acht Lerneinheiten. 3. überarbeitete Auflage Oldenburg Verlag München Wien

Darstellungsform
Wie ist der äußere Eindruck der Arbeit?
Ist die Zitierweise korrekt?
Ist die Gliederung formal zu beanstanden?

Quelle: BRINK, ALFRED (2007): Anfertigung wissenschaftlicher Arbeiten. Ein prozessorientierter Leitfaden zur Erstellung von Bachelor-, Master- und Diplomarbeiten in acht Lerneinheiten. 3.überarbeitete Auflage Oldenburg Verlag München Wien. 225

Bei BRINK, A. (2007, 225ff.) findet sich die Auffassung, dass das Vergeben der Note sich am wissenschaftlichen Wert einer Arbeit ausrichtet. Die Note steigt mit dem wissenschaftlichen Wert der Arbeit an. In diesem Sinne unterscheidet BRINK, A. (2007, 225ff.) vier Bewertungsstufen:

Bei der ersten Stufe zeichnen sich Arbeiten durch Reproduktion von Literatur und eine deskriptive Untersuchung aus.

Die zweite Stufe charakterisiert sich dadurch, dass hier Forschungsmeinungen miteinander in Verbindung gebracht werden. Hier wird weiterhin eine neue Problemstellung aufgestellt im Vergleich zur vorhandenen Literatur. Solche Arbeiten sind auch reine Darstellung und Erläuterung der Forschungsgegenstände.

Bei der dritten Stufe werden Forschungsmeinungen selbständig ausgelegt und bewertet.

Die vierte Stufe bezieht sich auf die Selbständigkeit bei der Analyse vom Problem. Aus der Analyse ergeben sich eigene Lösungsvorschläge.

Zum Plagiat

Vorwiegend werden Originalität und Selbstständigkeit vom Studierenden verlangt. So SOMMER, R. (2006, 22)[12]. Laut Frank, A., u.a.[13] (2007, 62) sollten Zitate entweder wörtlich oder sinngemäß belegt werden. Das Belegen geht darüber hinaus und bezieht sich auf Fakten, Beweise, Gedanken, Ideen oder Theorien, die anderen Autoren gehören. Alle Quellen, die man in eine wissenschaftliche Arbeit verwendet, sollten laut KORNMEIER, M.[14] (2012, 278) belegt werden. Dennoch gibt es hierfür zwei

---

[12] SOMMER, ROY (2006): Schreibkompetenzen. Erfolgreich wissenschaftlich schreiben. Klett, Stuttgart.

[13] FRANK, ANDREA, u.a. (2007): Schlüsselkompetenzen: Schreiben in Studium und Beruf. Verlag J.B. Metzler. Stuttgart und Weimar

[14] KORNMEIER, MARTIN (2012) Wissenschaftlich schreiben leicht gemacht. Bern, Stuttgart, Wien. Haupt Verlag. Erste Auflage (2008)

Ausnahmen: Wenn die Begriffe oder Informationen, die in der Arbeit verwendet werden, selbstverständlich sind. Wenn Aussagen auf eigenen Überlegungen und Schlussfolgerungen basieren.

Laut Definition der Alpen-Adria-Universität Klagenfurt gibt es in Anlehnung an KARMASIN, M., RIBING, R. (2006, 103) folgende Formen des Plagiats:

- Textplagiat, eine wörtliche Übernahme von Ausführungen anderer, ohne dies kenntlich zu machen.

- Ideenplagiat, Eine sinngemäße Übernahme von Überlegungen anderer, ohne Quellenangaben zu machen. Dabei werden Satzglieder oder Wörter geändert, um diese Informationen als eigene auszugeben.

- Die Übersetzung von Gedanken anderer ohne Quellenangaben. Diese Quellen sind in anderen Fremdsprachen verfasst.

- Das Abschreiben von Metaphern, Idiomen oder eleganten sprachlichen Schöpfungen ohne diese kenntlich zu machen.

- Zitatplagiat, gefundene Zitate in Sekundärliteratur werden kenntlich gemacht, aber die Quellenangaben über die Sekundärliteratur werden dabei nicht erwähnt.

KRUSE, O.[15] (2007, 82) definiert das Plagiat wie folgt:

„Plagiieren heißt, den Text einer anderen Person als eigenen ausgeben." Ein Plagiat betrifft laut KRUSE, O.[16] (2007, 82) die Ebene der Wortwahl beim Zitieren und die Benennung der Quelle. Es gibt Informationen, bei denen man nicht die Quelle nicht angibt. Es geht um triviale Informationen, die jeder kennt.

Ein akademischer Titel kann laut KARMASIN, M., RIBING, R.[17] (2006, 18) wegen Plagiate aberkannt werden.

---

[15] KRUSE, OTTO (2007) Keine Angst vor dem leeren Blatt. Ohne Schreibblockaden durchs Studium. 12., neu völlig bearbeitete Auflage. Campus Concept. Frankfurt am Main, New York..

[16] KRUSE, OTTO (2007) Keine Angst vor dem leeren Blatt. Ohne Schreibblockaden durchs Studium. 12., neu völlig bearbeitete Auflage. Campus Concept. Frankfurt am Main, New York..

[17] KARMASIN, MATTHIAS, RIBING, RAINER (2006): Die Gestaltung wissenschaftlicher Arbeiten. Ein Leitfaden für Seminararbeiten, Bachelor, - Master und Magisterarbeiten sowie Dissertationen 6. aktualisierte Auflage 2011. Erste Auflage 2006. Wien. Facultas WUV. UTB

Literatur

BÄNSCH, AXEL (1998): Wissenschaftliches Arbeiten / Seminar und Diplomarbeiten, München / Wien / Oldenburg, 6. Aufl.

BRINK, ALFRED (2007): Anfertigung wissenschaftlicher Arbeiten. Ein prozessorientierter Leitfaden zur Erstellung von Bachelor-, Master- und Diplomarbeiten in acht Lerneinheiten. 3. überarbeitete Auflage Oldenburg Verlag München Wien

DEININGER, MARCUS; LICHTER, HORST; LUDEWIG, JOCHEN; SCHNEIDER KURT (1993): Studien-Arbeiten. Ein Leitfaden zur Vorbereitung, Durchführung und Betreuung von Studien-, Diplom- und Doktorarbeiten am Beispiel Informatik. Verlag der Fachvereine Zürich/ B. G. Teubner Stuttgart. Erste Auflage 1992

DRÜGH, HEINZ (Hrgs.), u.a. (2012): Germanistik. Sprachwissenschaft, Literaturwissenschaft, Schlüsselkompetenzen. Metzler Verlag, Stuttgart

FRANK, ANDREA, u.a. (2007): Schlüsselkompetenzen: Schreiben in Studium und Beruf. Verlag J.B. Metzler. Stuttgart und Weimar

ESSELBORN-KRUMBIEGEL, HELGA (2008): Von der Idee zum Text. Eine Anleitung zum wissenschaftlichen Schreiben. 3. überarbeite Auflage 2008. Paderborn. Schöningh UTB. (Erste Auflage 2002)

KARMASIN, MATTHIAS, RIBING, RAINER (2006): Die Gestaltung wissenschaftlicher Arbeiten. Ein Leitfaden für Seminararbeiten, Bachelor, - Master und Magisterarbeiten sowie Dissertationen 6. aktualisierte Auflage 2011. Erste Auflage 2006. Wien. Facultas WUV. UTB

KORNMEIER, MARTIN (2012): Wissenschaftlich schreiben leicht gemacht. Bern, Stuttgart, Wien. Haupt Verlag. Erste Auflage (2008)

KRUSE, OTTO (2010): Lesen und Schreiben, Konstanz , UVK/UTB

KRUSE, OTTO (2007): Keine Angst vor dem leeren Blatt. Ohne Schreibblockaden durchs Studium. 12., neu völlig bearbeitete Auflage. Frankfurt am Main, New York. Campus Concept

SOMMER, ROY (2006): Schreibkompetenzen. Erfolgreich wissenschaftlich schreiben. Klett, Stuttgart

STICKEL-WOLF, CHRISTINE / WOLF, JOACHIM (2006): Wissenschaftliches Arbeiten und Lerntechniken. Erfolgreich studieren – gewusst wie! 4., überarbeitete Auflage. Gabler. Wiesbaden

BEI GRIN MACHT SICH IHR WISSEN BEZAHLT

- Wir veröffentlichen Ihre Hausarbeit, Bachelor- und Masterarbeit

- Ihr eigenes eBook und Buch - weltweit in allen wichtigen Shops

- Verdienen Sie an jedem Verkauf

Jetzt bei www.GRIN.com hochladen und kostenlos publizieren